W0220326

Sicher ist sicher. Bei aller Sorgfalt, die wir in der Recherche haben walten lassen, können sich Öffnungszeiten auch einmal kurzfristig ändern, oder ein Lokal ist gerade an Ihrem perfekten Prag Wochenende ausgebucht oder geschlossen. Darum empfehlen wir grundsätzlich möglichst weit im Voraus zu reservieren. Ein kurzer Anruf genügt und Sie können sicher sein zur vereinbarten Zeit einen Platz zu finden.

© Süddeutsche Zeitung GmbH, München
für die Süddeutsche Zeitung Edition 2007
in Kooperation mit smart-travelling GbR, Berlin
Reihe „Ein perfektes Wochenende in ...“

Idee und Konzept: Nicola Bramigk, Nancy Bachmann, Judith Homoki und e27
Texte: Silke Bacher
Fotos: Steffen Jänicke
Umschlaggestaltung: Verena Bettin, e27, Eberhard Wolf
Art Direktion: Verena Bettin, e27 Grafik: Kathleen Schwibus

Redaktion: Nicola Bramigk, Nancy Bachmann, Renate Bugyi-Ollert, Veronika Smetáčková

Projektleitung: Sabine Sternagel
Produktion: JournalMedia GmbH, München
Herstellung: H. Weixler, T. Neseker
Druck und Bindung: Holzhausen Druck & Medien GmbH, Wien

Printed in Austria
1. Auflage 2009

ISBN: 978-3-86615-692-0

SMART
TRAVELLING

# EIN PERFEKTES WOCHENENDE IN ...
# PRAG

Mit besonderem Dank an Veronika Smetáčková.

www.smart-travelling.net

# LIEBLINGSADRESSEN IN PRAG

Hotel Paříž

U Obecního domu 1, Prag 1

Tel: 00420 222195195

Seite 8

Hotel Josef

Rybná 20, Prag 1

Tel: 00420 221700111

Seite 14

Hotel Neruda

Nerudova 44, Prag 1

Tel: 00420 257535557

Seite 22

Cukrkávalimonáda

Lázeňská 7, Prag 1

Tel: 00420 257530628

Seite 28

La Degustation

Haštalská 18, Prag 1

Tel: 00420 222311234

Seite 34

U Pinkasů

Jungmannovo náměsti 15/16, Prag 1

Tel: 00420 221111151

Seite 44

☞ Weitere Adressen finden Sie unter www.smart-travelling.net

Kampa Park
Na Kampě 8b, Prag 1
Tel: 00420 296826112
Seite 48

Café Savoy
Vítězná 5, Prag 5
Tel: 00420 257311562
Seite 60

U Hrocha
Thunovská 10, Prag 1
Tel: 00420 257533389
Seite 66

Blue Light
Josefská 1, Prag 1
Tel: 00420 257533126
Seite 72

Artěl Store
Celetná 29, Prag 1
Tel: 00420 224815085
Seite 78

Gut zu wissen
Tipps, Ausflüge, Spaziergänge
Seite 89

AHM 09-36
BNB·09-43

# PRAG ROYAL

Prag ist eine ziemlich bemerkenswerte Stadt. Denn sie hat gleich zwei faszinierende Gesichter. Das eine, das fast jeder kennt, zeigt uns die prachtvolle Burg oben auf dem Hradschin, die weltbekannte Karlsbrücke, den gotischen Rathausplatz, den legendären Wenzelsplatz und das jüdische Viertel Josefov. Dem anderen Gesicht, das sich wesentlich bedeckter hält, muss man erstmal auf die Spur kommen. Und genau deshalb sollten Sie, ja müssen Sie sich sogar verlaufen, ausgetretene Pfade verlassen und sich auf Abwege begeben. Noch reizvoller sind diese nach Sonnenuntergang, wenn das schummrige Laternenlicht die Stadt in einen verwunschenen Ort verwandelt. Wenn man die kopfsteingepflasterten Strässchen hoch zur erleuchteten Burg läuft und Prag bei jedem Blick zurück ein Stück mehr von sich zeigt, dann verliebt man sich unweigerlich Schritt um Schritt und möchte erst wieder heimkehren, wenn man jeden der versteckten Winkel kennt.

Die Prager selbst ähneln ihrer Stadt und sind deswegen auch nicht sofort zu knacken. Das gilt für den Parlamentsabgeordneten genauso wie für den Postboten. Umso mehr Freude macht es, sich in eine der vielen Bierkneipen neben sie zu setzen und auch diese Herausforderung anzunehmen. Man wird belohnt – und weiß irgendwann, was auch Franz Kafka schon wusste: „Prag lässt nicht los. Dieses Mütterchen hat Krallen.“ Bemerkenswert!

# HOTEL PAŘÍŽ

Im altehrwürdigen Hotel Pařížkommt der Chef Herr Brandejs jeden Tag persönlich vorbei und schaut, dass die Gäste sich auch trotz der Größe des Hotels ganz wunderbar aufgehoben und wie zu Hause fühlen. Ein Anspruch, der Tradition hat – genau wie das Hotel selbst. 1904 vom Großvater gegründet, musste es bereits im Ersten Weltkrieg schließen. Erst nach langwierigen Verhandlungen ging es 1995 wieder in den Familienbesitz über und wird seitdem liebevoll gehegt. Im Jugendstil erbaut, hat sich der Ort den Glanz seiner Anfänge bewahrt. Concierge und Hausangestellte sind so zuvorkommend und diskret, wie man es sonst nur aus Filmen kennt. Und nicht umsonst sagt die Hauptfigur in Jiří Menzels letztem Film „Ich bediente den König von England" stolz: „Ich arbeite in dem schönsten Hotel Prags, im Hotel Paříž."

Dabei dachte er bestimmt an den eleganten Treppenaufgang, die wunderbaren Details und die schmuckvollen langen Gänge, die zu den Zimmern mit ihren großen Doppeltüren führen. Sehr zu empfehlen sind die lichtdurchfluteten Eckzimmer, in denen das Flair vergangener Zeiten besonders intensiv zu erspüren ist.

Tipp: Das Hotel Paříž freut sich auf Gäste, die sich auf Smart-Travelling berufen, und wird versuchen, von der besten verfügbaren Rate nochmals einen Rabatt von 5–10% anzubieten.

Hotel Paříž Adresse: U Obecního domu 1, Prag 1 Tel: 00420 222195195
Email: booking@hotel-paris.cz Internet: www.hotel-paris.cz
Preise: DZ 125 – 350 Euro inkl. Frühstück

HOTEL
PAŘÍŽ
PRAHA
305

josef

HOTEL josef

# HOTEL JOSEF

Wenn sich das Auge von all den überwältigenden Eindrücken der Stadt erholen soll, dann übernachtet man am besten im Design-Hotel Josef.
Die tschechische Architektin Eva Jiřičná hat das Hotel 2002 entworfen und damit der historischen Stadt Prag ein zeitgenössisches Statement entgegengesetzt. Bis in die Zimmer hinein spürt man eine Frische und Leichtigkeit, immer kombiniert mit liebevollen Details. Dazu gehören sowohl die wunderbar weichen Kissen, die zum Faulenzen einladen, als auch ein kleiner Jogging Guide mit Routen rund ums Hotel. Schafft man es morgens einfach nicht, seine Runden zu drehen und läuft stattdessen in den Frühstücksraum, gibt es dort so viel Gesundes und Frisches, dass man sein schlechtes Gewissen sofort vergisst. So modern wie das Ambiente ist auch das Personal, das immer bemüht ist, angesagte Tipps zu geben. Für kalte Abende gibt es einen kleinen Saunabereich und für warme Tage einen hübschen Innenhof, in dem man auch frühstücken kann.
Hat sich dann das Auge wieder erholt und tritt man vor die Türe, freut man sich über die zentrale Lage des Hotels, mitten im Josefov-Viertel.

Hotel Josef Adresse: Rybná 20, Prag 1 Tel: 00420 221700111
Email: reservation@hoteljosef.com Internet: www.hoteljosef.com
Preise: DZ 138 – 243 Euro

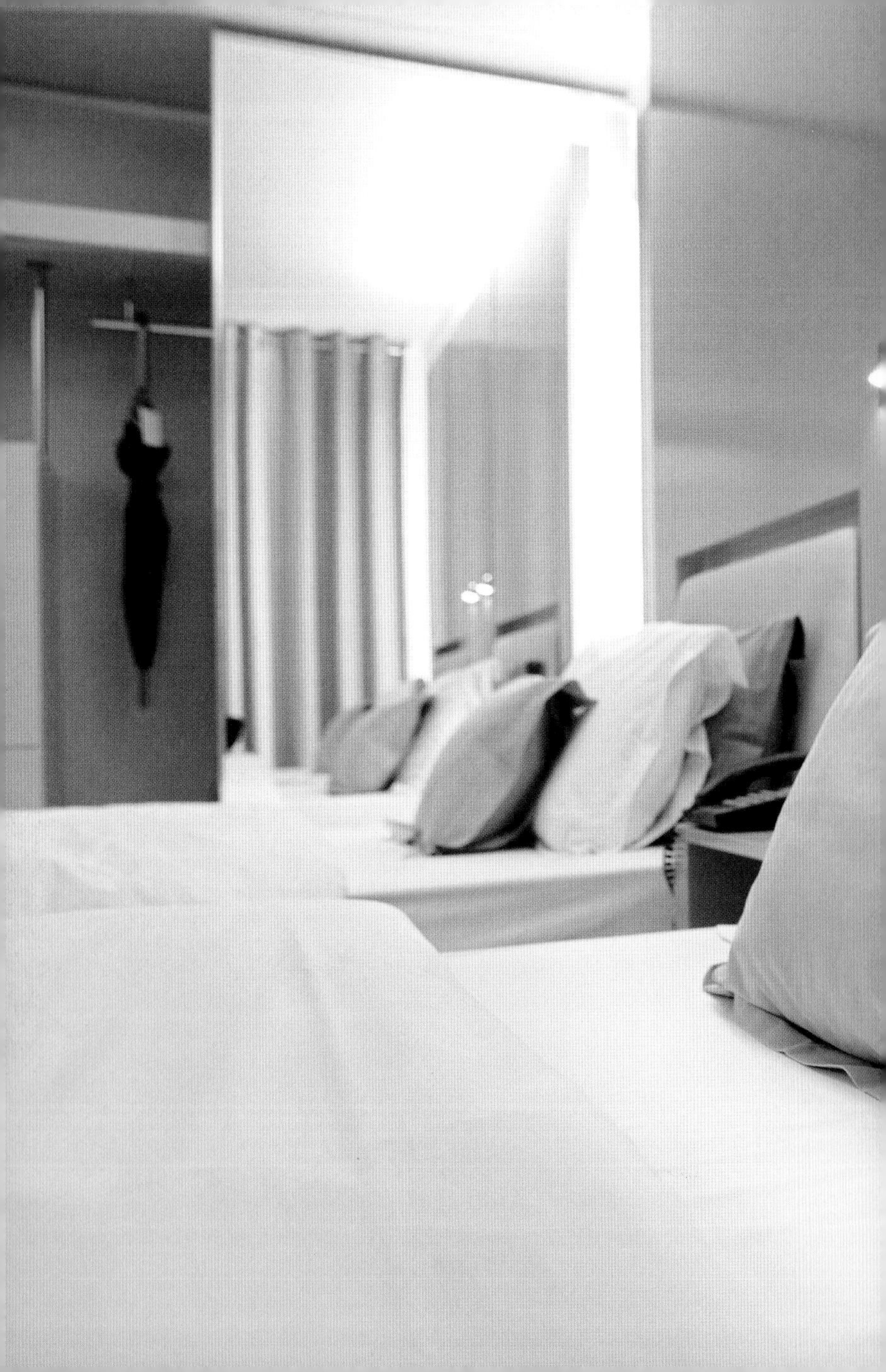

## ☞ Das Icon Hotel

Wenn Sie in einem Hotel absteigen möchten, das sich vornehmlich an ein jüngeres Publikum richtet, sollten Sie unbedingt im Icon einchecken. Es wurde 2006 eröffnet und Nah-Dja Tien, der kreative Chef, ist sehr darauf bedacht, mit dem generell eher steifen Konzept eines Hotels zu brechen. Auch deshalb ist sein Personal nicht klassisch ausgebildet, setzt auf Leidenschaft statt Etikette, und dass es dabei noch so gut aussieht, liegt an der Ausstattung durch die Modemarke Diesel. Genauso stylisch ist auch das Interieur. Man nächtigt in luxuriösen Hästens-Betten, sitzt auf lässigen Eames-Stühlen und auch sonst gibt es jeglichen Komfort. Vom iPod-Anschluss über Safes, die über Fingerabdruck funktionieren, ist alles vorhanden. Frühstück gibt es den ganzen Tag, so dass Sie die weltbesten Betten richtig ausnutzen können. Sollte Sie plötzlich der unbedingte Wunsch nach einer Massage überfallen, so kann dieser im angeschlossenen Studio erfüllt werden. Kulturelle Sehnsüchte hingegen werden mit wechselnden Ausstellungen von Prager Künstlern und Jazzkonzerten gestillt. Bevor man abfährt, darf man nicht vergessen zu fragen, woher der Name des Hotels stammt, und sich mit der Antwort ein letztes Mal überraschen lassen.

Hotel Icon, V Jámě 6, Prag 1, Tel: 00420 221634100, www.iconhotel.eu
Email: reservation@iconhotel.eu, Preise: DZ 130 – 260 Euro inkl. Frühstück

# HOTEL NERUDA

Spaziert man den Königsweg hinauf zur Burg, kann es durchaus passieren, dass man an dem Hotel Neruda vorbeiläuft – so dezent wirkt es. Zumindest von außen. Innen glückte es dem Architekten Borek Šípek perfekt, das Haus von 1348 neu zu gestalten und modern zu erweitern und dabei den Charme des alten Gemäuers zu erhalten. Das kleine architektonische Meisterwerk ist so verwinkelt, dass man sich schon mal verirren kann. Ähnlich ging es bestimmt schon dem Namensgebenden Jan Neruda, Tschechiens berühmtem Schriftsteller und Dichter, der vor 130 Jahren in dem Gebäude wohnte. Von hier aus schlenderte er die Straßen des einst so verträumten Viertels entlang, durch das heute am Tage ein unaufhörlicher Touristenstrom zieht.
Perfekten Rückzug bieten die geschmackvollen Zimmer, die sehr eigenwillig und gemütlich sind, und wie die Architektur selbst neu und alt gelungen kontrastieren: Restaurierte Deckenbalken treffen auf kleine moderne Glasleuchten, luxuriöse im Raum stehende Badewannen geben den Blick durch die alten Fenster frei.
Gefrühstückt wird im lichtdurchfluteten Café, zu dem im Sommer eine fantastische Terrasse gehört, die wohl die schönste Aussicht auf die Burg bietet, die man sich wünschen kann.

Hotel Neruda Adresse: Nerudova 44, Prag 1 Tel: 00420 257535557
Email: info@hotelneruda.eu Internet: www.hotelneruda.eu
Preise: DZ 85 – 240 Euro inkl. Frühstück

PIZZERIA

cukrkávalimonáda
Café Buffé Restaurant

# CUKRKÁVALIMONÁDA

Das charmante Cukrkávalimonáda liegt nur 100 Meter von der Karlsbrücke entfernt und ist dennoch eine Oase der Ruhe, in der man die Menschentrauben ganz einfach hinter sich lassen kann. Besitzer Tomáš Kysela, ein renommierter Prager Glasdesigner, hat das Restaurant mit viel Liebe zum Detail gestaltet und darauf geachtet, dass es nicht nur Touristen, sondern auch den Einheimischen gefällt. Und das ist ihm gelungen. Das sehr gemischte Publikum nimmt auf Holzstühlen Platz und genießt unter der verspielt barock bemalten Decke das Wohlfühl-Ambiente – und die unwiderstehliche Holunderlimonade, zubereitet nach Omas Rezept und in Gläsern serviert, die Kysela entworfen hat. Auch die Speisen sind hausgemacht und auf Bio-Qualität wird geachtet. Neben täglich wechselnden Suppen, Salaten und Pasta-Gerichten sind vor allem die Palatschinken ein Gedicht. Es fällt leicht, sich daraus ein kleines Menü zusammenzustellen, aus dem Old Prague mit Ei und Schinken und der süßen Sünde mit Zucker und Zitrone. Danach ist man auf jeden Fall wieder gestärkt, um die verwinkelten, kleinen Gassen von Malá Strana weiter zu erkunden. Falls man sich überhaupt losreißen kann! Denn wenn der Besitzer in Laune ist, wird auch mal spontan die Leinwand ausgefahren, der Beamer angeworfen und ein alter Belmondo-Streifen gezeigt.

Cukrkávalimonáda Adresse: Lázeňská 7, Prag 1 Tel: 00420 257530628
Internet: www.cukrkavalimonada.cz Öffnungszeiten: Montag – Samstag: 9.00 – 24.00 Uhr, Sonntag 9.00 – 18.00 Uhr

APPLE CAKE WITH ALMONDS 69
POLÉVKA SOUP > RAJSKÁ TOMATO 59

PASTA WITH SPINACH
S RAJČATY
PASTA POMODORO
SALAD
139

cukrkávalimonáda
CAFFE
LIMONÁDA
KÁVA
SALÁTY
TĚSTOVINY
PALAČINKY
CAFFÉ
LEMONADE
PASTA
SALADS
OMELETS

## ☞ Material

Wem die Limonaden-Gläser im Cukrkávalimonáda gefallen haben, der sollte einen Blick in Tomáš Kyselas Glasgeschäft „Material“ werfen, das direkt unterhalb der Karlsbrücke liegt. Unter den vielen Läden, in denen Glas angeboten wird, ist es ein kleines Juwel. Die schlichte Einrichtung gibt den ausgefallenen Objekten genau das richtige Ambiente, um in vollem Glanze zu erscheinen. Neben den Gläsern aus dem Restaurant werden außergewöhnliche Schalen und traumhafte Kronleuchter angeboten. Das Design reicht von klassisch bis modern, geschnitten bis graviert und immer in limitierter Auflage.

U Lužického semináře 7, Prag 1, Tel: 00420 257530046
Öffnungszeiten: täglich von 10.30 – 21.00 Uhr
Internet: www.i-material.com

Dégustation
Bohême Bourgeoise
wednesday 29. 10. 2008
amuse-bouche maison
entrée
poached prague ham, maliner foam,
apple "sorbet", egg bread
soupe
wild poultry soup, poached quail egg,
poultry loaf
poché
braised potato
amuse-bouche
Dégustation

LA DEGUSTATION
BOHÊME BOURGEOISE

# LA DEGUSTATION

Wenn man in das La Degustation zum Essen geht, dann geht man nicht einfach nur zum Essen. Es ist ein Ereignis, ein Erlebnis ganz besonderer Art, wie ein Abend in der Oper. Der junge Koch Oldřich Sahajdák mischt alte böhmische Küche mit junger innovativer Kochkunst und lässt die fast vergessene tschechische Esskultur aus dem letzten Jahrhundert wieder auferstehen. So gibt es einen Gurkensalat nach altem Rezept, die Form jedoch ist neu: Der Salat wird in Gelee-Würfeln serviert. Himmlisch, man muss nur aufpassen, dass sie nicht vom Teller springen. Auf der Menükarte steht Zunge, früher ein Klassiker, heute eher verpönt. Doch dem Küchenchef gelingt es, daraus ein Gericht zu zaubern, das den Gast nicht nur durch seinen zarten Geschmack, sondern auch durch seine Präsentation in kleinen appetitlichen Streifen überzeugt. Nur einer der Gründe, warum man im La Degustation dringend alles probieren sollte, auch wenn es vielleicht etwas Überwindung kostet. Das Licht im Restaurant ist bewusst gedimmt, nur die Tische und die offene Küche sind erhellt, so dass man sich voll und ganz auf das Wesentliche konzentriert: das köstliche Essen und dessen kunstvolle Zubereitung. Der etwas höhere Preis für diese kulinarische Aufführung, die durch ein perfekt ausgewähltes Wein-Menü begleitet wird, ist mehr als angemessen. Nach ganzen vier Stunden entsteht der Wunsch, dass dieser Abend nie enden möge – und trotzdem schließt sich irgendwann der Vorhang. Man würde am liebsten applaudieren.

La Degustation Adresse: Haštalská 18, Prag 1 Tel: 00420 222311234
Internet: www.ladegustation.cz Öffnungszeiten: Montag – Samstag
17.00 – 24.00 Uhr, Sonntag geschlossen

## Ein Gespräch mit Oldřich Sahajdák

Küchenchef und Teilhaber von La Degustation

Wie kamen Sie dazu, ein Restaurant wie das La Degustation zu eröffnen?

Mein Partner Filip Trčka und ich haben einige Jahre zusammen gearbeitet. Wir hatten beide den Traum etwas zu machen, was es so in Prag noch nicht gab. Zuerst wussten wir nur den Namen und dass wir jeden Abend drei Menüs anbieten wollen.

Was ist das Konzept Ihrer Küche?

Beim Stöbern in einem Antiquariat fand ich zufällig ein Kochbuch aus dem Jahre 1894. Es wurde meine Küchenbibel und ist die Grundlage meiner Inspiration. Die drei Menüs Bohème Bourgeoise, Terre et Eau und Selection du Chef stelle ich nach saisonalem Angebot zusammen.

Kann man auch à la carte essen?

Nein, aber sollte man weniger Zeit haben oder nicht so viel ausgeben möchten, gibt es ein kleineres Menü: das Pré-Théatre.

Gibt es einen Klassiker auf der Karte?

Ja, und es gibt ihn schon seit Anfang an jeden Tag. Mein Partner Filip muss für diesen Klassiker bei den Gästen so viel Überzeugungsarbeit leisten wie bei keinem anderen Gang. Aber bisher hat es keiner bereut.

Verraten Sie uns auch, was es ist?

Geräucherte Rinderzunge mit Kichererbsenmousse und gerösteten Majoran-Zwiebeln.

Wohin gehen Sie eigentlich, wenn Sie Hunger haben?

Ins U Jelínků. Da kann man zwar nur Bier trinken, aber davon wird man ja auch irgendwann mal satt.

# Fiji-Ei

4 Personen

0,7 kg Blumenkohl
30 g Butter
70 g Sahne
100 g Blumenkohlbrühe
je 1 Prise Salz, Zucker
und Muskatnuss
30 g schwarzer Trüffel
20 g Trüffelbutter
500 g Gemüsebrühe
500 g Sahne
1 l Fiji Artesian Wasser
(alternativ gutes stilles Wasser)
1 Prise Salz
4 Bio-Eier
frisch gehackter Schnittlauch

## Blumenkohl-Püree

Den Blumenkohl in kleine Stücke schneiden und nur den weißen Teil für das Püree nehmen. Mit dem Rest macht man eine kräftige Blumenkohlbrühe. Den Kohl mit Wasser bedecken und so lange kochen, bis die Flüssigkeit sich auf die Hälfte reduziert hat. Nun die Butter in einem schweren Topf schmelzen, den Blumenkohl hinzufügen und kurz anbraten, Sahne und Blumenkohlbrühe darübergießen, gut vermischen und mit Salz, Zucker und Muskatnuss abschmecken.

## Trüffelsauce

Den Trüffel in kleine Stücke schneiden und ein bisschen in der Trüffelbutter anbraten, mit der Gemüsebrühe und der Sahne aufgießen und zum Kochen bringen. Jetzt die Hitze reduzieren und so lange köcheln, bis nur noch die Hälfte der Flüssigkeit übrig ist.

## Die Eier

Das Fiji-Wasser auf 65–70 °C erhitzen (ca. 6 min.), dann das Salz und die Eier vorsichtig in das Wasser geben. Ca. 7 min. pochieren, bis das Eiweiß fest und das Eigelb noch weich ist.

Zum Schluss das pochierte Ei auf das warme Blumenkohl-Püree geben und mit 2 Esslöffeln Trüffelsauce übergießen. Mit gehacktem Schnittlauch dekorieren.

## U PINKASŮ

Wenn man so richtig deftig böhmisch essen gehen möchte und das in einem traditionsreichen Lokal, so ist das U Pinkasů, das versteckt in einer kleinen Seitenstraße in der Nähe vom Wenzelsplatz liegt, genau der richtige Ort.
Sein Gründer hat seinen Gästen 1843 angeblich als erster Prager Wirt Pilsner Urquell serviert, das es natürlich bis heute dort gibt. Die urgemütliche Stube ist meistens voll, aber fragt man sehr nett, macht selbst ein anfangs etwas mürrischer Prager gerne Platz. Und wenn nicht, dann gibt es auch im ersten Stock noch einige Räume, unten noch ein uriges Kellergewölbe und im Sommer kann man auch in dem gemütlichen Klostergarten sitzen.
Gegessen wird böhmisch – viel und herzhaft. Besonders zu empfehlen ist die gebratene Ente, das Gulasch mit Knödeln oder auch kleinere Gerichte wie der Bierkäse, den der Ober persönlich am Tisch zubereitet – und trotz oder gerade wegen des vielen Knoblauch, ganz vorzüglich schmeckt.
Das Publikum ist total gemischt: junge Hippies sitzen zwischen französischen Rentnern und Prager Originalen. So kann man gerne ein bisschen verweilen und die so ganz und gar unterschiedlichen Menschen beobachten. Mit etwas Beharrlichkeit wird man es sogar schaffen, dem Kellner ein Lächeln abzuringen.

U Pinkasů Adresse: Jungmannovo náměstí 15/16, Prag 1 Tel: 00420 221111151
Internet: www.upinkasu.cz Öffnungszeiten: täglich von 10.30 – 23.00 Uhr

kampapark
kampapark

kampapark

# KAMPA PARK

Es gibt wohl kein Restaurant in Prag, in dem man bei einem so unbeschreiblich großartigen Ausblick auf die Karlsbrücke so delikat speisen kann. Die exquisite Küche wird von passenden Weinen begleitet und von gut aussehenden Bedienungen serviert. Der norwegische Besitzer Nils Jebens war 1994 der Erste, der internationale Gerichte auf Gourmet-Niveau anbot, und ist damit bis heute in der Tschechei unübertroffen. Ein Klassiker unter den Hauptspeisen ist das Pfeffersteak an Cognacsauce mit Zucchini und knusprigen Kartoffelküchlein, das es seit Beginn auf der Karte gibt. Eine wahre Gaumenfreude. Aber auch bei den Vorspeisen gibt es echte Highlights wie z.B. die Jakobsmuscheln mit Blumenkohl, Nüssen und Rosinen an Kapernbutter. Und während draußen die Boote langsam auf der Moldau vorbeiziehen, erfüllt Kerzenschein den Raum. Es könnte nicht romantischer sein. Das hat sich seit Eröffnung des Kampa Park herumgesprochen und so kommt von Robbie Williams bis zu Václav Havel so ziemlich jeder vorbei, der in einer außergewöhnlichen Location stilvoll essen möchte.

Auf der Terrasse sitzt man bei gutem Wetter so grandios, dass man eigentlich gar nicht mehr gehen möchte. Um draußen oder drinnen einen Platz auf der Moldauseite zu bekommen, sollte man unbedingt reservieren.

Kampa Park Adresse: Na Kampě 8b, Prag 1 Tel: 00420 296826112
Internet: www.kampagroup.com Öffnungszeiten: täglich von 11.30 – 1.00 Uhr

LUNCH
EVERY DAY

## Ein Gespräch mit Nils Jebens

Besitzer des Kampa Park

### Wie verschlägt es einen Norweger nach Prag?

1992 bin ich als Manager für eine österreichische Firma nach Prag gekommen und verliebte mich sofort in diese Stadt. Es gab hier so viel zu tun. So eine Chance bekommt man nur einmal im Leben.

### Und wie kam es zum Kampa Park?

Es gab damals in Prag weder ein Restaurant, in dem es eine andere Küche als die tschechische gab, noch eines, in dem Tschechen, Touristen und Expats zusammensaßen. So entstand bei mir der Wunsch, ein High-Class-Restaurant zu eröffnen für jeden, der gerne besonders isst.

### Dachten Sie schon mal irgendwann, es geht nicht mehr weiter?

2002 zur Jahrhundertflut. Ich ging am Morgen des 13. August in das Restaurant, um dort zu bleiben, bis das Wasser kam. Die Polizei zwang mich den Ort zu verlassen und so musste ich von der anderen Seite der Moldau mit ansehen, wie mein Restaurant überschwemmt wurde. Das Wasser stieg in Prag damals acht Meter über den normalen Pegel.

### Und dann?

Ich renovierte das Kampa Park und eröffnete noch weitere Restaurants.

# Pfeffersteak an Cognacsauce mit Zucchini und knusprigen Kartoffelküchlein

4 Personen

Das Steak mindestens eine Stunde in Olivenöl und Thymian marinieren.

Die Cipollini:

Cipollini schälen und 3–5 min. bei mittlerer Hitze anbraten. Den Wein, die Gemüsebrühe, den Honig und den Thymian hinzugeben, mit Salz und Pfeffer abschmecken. 35 min. auf 160 Grad im Ofen backen.

Die Sauce:

Bei mittlerer Hitze die Petersilie und die Selleriewurzel in die Pfanne geben. Die Möhren und den Speck dazugeben und so lange braten, bis das Gemüse zart ist; dann die Zwiebeln, das Preiselbeerkompott und das Tomatenpüree untermischen. Packen Sie Wacholderbeeren, Lorbeerblatt, Piment und Pfefferkörner in ein Seihtuch und binden es zu. Den Kalbsfonds und das gefüllte Tuch der Sauce beifügen und zum Kochen bringen. Jetzt das Seihtuch herausnehmen, die Hitze reduzieren und die Mehlschwitze in kleinen Portionen hinzugeben. Alles gut durchgemischt nochmals für einige Minuten zum Kochen bringen. Die Hitze wieder reduzieren, Zitrone hinzugeben und wieder für 5 min. kochen. Den Cognac auf einen Teelöffel gießen und ca. eine Minute

Die Cipollini:

12 Cipollini
2 TL Butter
200 ml Weißwein
500 ml Gemüsebrühe
2 TL Honig
2 Thymianzweige
Salz und Pfeffer

Die Sauce:

je 50 g Petersilie, Selleriewurzel, Karotten und Speck
80 g Zwiebeln, geviertelt
2 TL Preiselbeerkompott
1 TL Tomatenmark
5 Wacholderbeeren
1 Lorbeerblatt
1 TL Piment
1 TL schwarze Pfefferkörner
400 ml Kalbsbouillon, am besten selbstgemacht
2 TL Mehlschwitze
1 TL frischer Zitronensaft
125 ml Cognac
1 dl Sahne
3 TL Zucker

über eine Flamme halten, bis der Alkohol verdampft ist. Dann mit dem Zucker und der Sahne in die Sauce geben und gut vermischen. Die Sauce durch ein feines Sieb passieren, wenn nötig mit einem Holzlöffel nachhelfen.

Die Kartoffelküchlein:

Nehmen Sie eine große Käsereibe und reiben Sie die Kartoffeln in eine Schüssel. Kartoffelmehl und Eier dazugeben und mit Salz und Pfeffer abschmecken. Gut umrühren und die überschüssige Flüssigkeit abgießen. Nehmen Sie kleine Küchenformen und pressen Sie die Mischung fest hinein. Dann bei mittlerer Hitze im Sonnenblumenöl braten, bis sie goldbraun sind. Die Küchlein umdrehen und den Vorgang wiederholen.

Das Steak:

Holen Sie das Fleisch aus der Marinade und ziehen Sie jeweils die zwei Enden jedes Medaillons durch den gestoßenen Pfeffer, der auf einem Teller liegt. Nehmen Sie eine trockene gusseiserne Pfanne und braten Sie das Steak, damit es medium ist, auf jeder Seite für sechs Minuten an.

Die Beilagen vorbereiten:

Braten Sie die Cipollini und die Zucchini kurz in leichtem Olivenöl an und würzen Sie danach mit Salz und Pfeffer.

Die Kartoffelküchlein:

500 g Kartoffeln
1 TL Kartoffelmehl
2 Eier
Salz und Pfeffer zum Abschmecken
Sonnenblumenöl zum Braten

Das Fleisch:

4 Rinderfilets à 200 g, ca. 3–5 cm dick
250 ml Olivenöl
2 kleine Thymianzweige
2 TL gestoßener Pfeffer

Die Zucchini:

1 Zucchini, in dünne Streifen geschnitten
1 TL leichtes Olivenöl
Salz und Pfeffer

Tipps zum Anrichten:

Einen Löffel Sauce in die Mitte eines jeden Tellers geben, gefolgt von Steak und dem Gemüse. Das Rösti daran anlehnen.

CAFÉ 1893 SAVOY

## CAFÉ SAVOY

Das Café Savoy gehört mit Sicherheit zu einem der stilvollsten Cafés in der Stadt. Schaut man nach oben, bleibt einem beim Anblick der kunstvollen Decke fast der Atem stehen, so schön ist sie. Lässt man die Augen dann Richtung Tresen schweifen, läuft einem das Wasser im Munde zusammen, denn unzählige Naschereien lachen einen verlockend an. Wahnsinnig lecker schmecken *tvarohove knedliky*, ofenwarme Teigtaschen, gefüllt mit Pflaumenmus und mit Creme Fraîche serviert. Dazu empfiehlt es sich einen Café au lait Savoy zu trinken, eine hauseigene Mischung mit Schokolade und Zimt – und hohem Suchtpotential. Für Frühstücksfans ist es ein absolutes Muss hierherzukommen, denn vom Brot bis zur Marmelade ist alles hausgemacht.
Auch sonst wird auf besondere Qualität geachtet. So gibt es z.B. nicht irgendeinen Tee, sondern den von Mariage Frères. Wenn Ihnen nicht der Sinn nach etwas Süßem ist, gibt es auf der Karte auch herzhafte Speisen. Im Angebot ist der Prager Schinken, *Pražská šunka*, angeblich der einzig Echte und natürlich der Beste der Stadt. Dazu wird hauseigener Senf kredenzt – herrlich deftig.
Angenommen man kann sich jetzt noch bewegen, empfiehlt sich ein gemütlicher Moldauspaziergang auf der Kampa-Insel, bevor man wieder in den verwinkelten kopfsteingepflasterten Gässchen verschwindet.
Tipp: Am Wochenende gibt es von 9.00 – 18.00 Uhr einen Brunch, der keine Wünsche offen lässt.

Café Savoy Adresse: Vítězná 5, Prag 5 Tel: 00420 257311562
Email: savoy@ambi.cz Öffnungszeiten: Montag – Freitag 8.00 – 22.00 Uhr,
Samstag, Sonntag 9.00 – 22.30 Uhr

## ☞ Café Imperial

Das Café Imperial ist seit seiner Eröffnung 1914 eine Institution der Stadt. Früher war es ein Treffpunkt für Schriftsteller, Dichter und alle, die es gerne gewesen wären. Heute noch kann man diese Atmosphäre in dem prunkvollen Jugendstilbau sehr gut erahnen. Das Publikum hat sich jedoch verändert und ist internationaler geworden. Geblieben aber ist der faszinierende Charme des mondänen großen Raumes, der über und über mit glanzvollen Kacheln verziert ist. Egal ob man einen hippen Latte Macchiato bestellt oder einen ganz normalen Kaffee, immer wird ein besonders leckerer, hausgemachter Krapfen dazuserviert – und wenn nicht, so sollte man danach fragen.

Adresse: Na Poříčí 15, Prag 1, Tel: 00420 246011440
Internet: www.cafeimperial.cz, Öffnungszeiten: täglich von 7.00 – 23.00 Uhr

# U HROCHA

Das U Hrocha, zu deutsch „Zum Nilpferd“, ist ein Ort zum Biertrinken. Nicht mehr und nicht weniger. Und genau das macht seinen Charme aus. Man sitzt in einem einfachen Gewölbe, das früher als Speisesaal eines Jesuitenklosters diente. Wäre das heute noch so, würden die Mönche auf Grund des Bierkonsums wohl ihren Glauben verlieren – angeblich fließen täglich ca. 600 Liter feinstes Pilsner Urquell. Der Besitzer hatte das U Hrocha vor 15 Jahren eröffnet, als die Touristen langsam, aber sicher die Kneipen Prags für sich einnahmen und die Preise nach oben schossen. Er hatte den nachvollziehbaren Wunsch für sich und seine Freunde wieder einen Platz zu schaffen, in dem sie ungestört ein Bier trinken können.

Das Stammpublikum ist so zahlreich, dass es für Touristengruppen gar keinen Platz gibt. Da vom Parlament aus eine Hintertüre ins Nilpferd führt, verirren sich gerne mal Abgeordnete in das Lokal, um auf dem Weg nach Hause noch ein oder zwei Bier zu trinken und sich von erhitzten Debatten abzukühlen. Die Bedienung sowie der ältere Kellner am Zapfhahn sind Urgesteine und von Anfang an dabei. Bekommt man Hunger, gibt es einige Kleinigkeiten wie herzhaft belegte Brote und den typisch tschechischen Hermelinkäse. Ein idealer Ort, um ins „ungeschminkte“ Prag einzutauchen.

U Hrocha Adresse: Thunovská 10, Prag 1 Tel: 00420 257533389
Öffnungszeiten: täglich 12.00 – 23.00 Uhr

pilsner-urquell.cz

## ☞ U Černého vola

Wem es im U Hrocha zu eng ist, der sollte zum „Schwarzen Ochsen“ auf dem Burgberg einkehren. Dort sitzt man an langen Holztischen und es dauert nicht lange, bis man in ein Gespräch kommt, in welcher Sprache auch immer. Dazu sollten Sie ein dunkles Kozel-Bier bestellen und einige der kleinen Spezialitäten wie den *Naložený romadúr*, einen herrlich aromatischen Käse probieren.

Loretánské náměstí 1, Prag 1, Tel: 00420 220513481
Öffnungszeiten: täglich 10.00 – 23.00 Uhr

## ☞ U Zlatého tygra

Der „Goldene Tiger“ ist der Klassiker unter Prags Bierkneipen in der Altstadt. Bohumil Hrabal, der König der tschechischen Prosa, kam bis zu seinem Tod 1997 jeden Tag pünktlich um 15.00 Uhr hierher, so dass man seine Uhr danach stellen konnte. Er saß immer am selben Tisch, mit Blick auf den Tresen, schrieb und traf sich mit hochkarätigen Persönlichkeiten wie Bill Clinton. Es lohnt sich wirklich, hier einen Platz zu ergattern und ein wenig die Atmosphäre zu genießen.

Husova 17, Prag 1, Tel: 00420 222221111, Internet: www.uzlatehotygra.cz
Öffnungszeiten: täglich von 15.00 – 23.00 Uhr

# BLUE LIGHT

František Ludačka eröffnete das Blue Light 1995 – und bis heute sollte man in dieser lässigen Bar unbedingt mal versacken. Anfangs waren die Wände einfarbig braun, was man sich heute kaum mehr vorstellen kann, denn jeder, der einmal hier war, hat am Mauerwerk seine Spuren hinterlassen und somit die Bar zu dem gemacht, was sie ist. Auch deshalb wurde die Bar zur angesagten Institution, in der sich nicht nur die Prager Kunst- und Musikszene trifft, sondern in die es auch immer wieder Stars wie Daniel Craig und Bruce Willis verschlägt, die nach Dreharbeiten hier gerne einen Absacker trinken. Das Blue Light ist geöffnet, solange Personal und Gäste möchten und das ist meistens lang. Denn jeden Abend kann sich hier völlig unerwartet eine Party entwickeln, die man dann nicht so schnell vergessen wird. Über der Bar hängen Schlagzeug-Becken und fragt jemand nett, bekommt er Drumsticks von Honza Hladík, einem der bekanntesten Schlagzeuger Prags geliehen, der hier Stammkunde ist, und dann geht's ab auf den Tresen. Let there be rock. Wenigstens einmal sollte man in den Blue Light Kosmos eintauchen, und egal wie und wann man dann wieder auftaucht, anschließend einen Abstecher zur Karlsbrücke machen, die nur ca. 200 Meter entfernt und nachts ganz besonders schön zu überqueren ist.

Blue Light Bar Adresse: Josefská 1, Prag 1 Tel: 00420 257533126
Internet: www.bluelightbar.cz Öffnungszeiten: 18.00 – mind. 3.00 Uhr

JAMES BROWN

HERRADURA
EMBASSY
HIGHBALL

## Ein Gespräch mit František Ludačka

Besitzer der Blue Light Bar

Wie kamen Sie auf die Idee, die Blue Light Bar zu eröffnen?

1989 gab es hier nichts und die Menschen überlegten, was sie mit der neuen Freiheit anfangen könnten. Ich ging erstmal in die USA und arbeitete dort als Ingenieur. Pünktlich zu meinem 40. Geburtstag, 1995, kam ich in die zweite Pubertät und wollte noch mal etwas anderes machen. Zuerst kaufte ich mir ein Motorrad und dann eröffnete ich die Blue Light Bar.

Das hört sich so einfach an? War es das auch?

Ja, als ich den Entschluss gefasst hatte, ging alles sehr schnell. Die erste Location, die ich mir anschaute, wurde gleich die Blue Light Bar, ich traf durch Zufall am Tag der Besichtigung einen alten Freund, der Architekt und Designer war. Er machte dann später den Innenausbau mit mir zusammen.

Hat es Sie nicht gestört, dass jeder etwas an die Wände schreibt?

Die ersten sechs Monate habe ich jeden Tag geschrubbt, damit es am nächsten Tag wieder sauber war. Irgendwann habe ich aufgegeben. Und jetzt freue ich mich immer schon zu sehen, was Neues dazugekommen ist.

Wie kommen Sie zu Ihrem Personal?

Ich habe ein Stammpersonal in der Bar, das schon einige Zeit mit dabei ist. Der Spirit der Bedienungen und Kellner ist mir ganz wichtig. Einer oder eine darf nur dann gehen, wenn er/sie einen passenden Nachfolger gefunden hat.

Und das funktioniert?

Es wird sogar immer besser.

# ARTĚL

## ARTĚL STORE

Betritt man den Artěl Store, in Staré Město, fühlt man sich wie in einem kleinen, feinen Museum. In Glasvitrinen und kunstvoll beleuchteten Gewölben reihen sich mundgeblasene und von Hand gravierte Glasobjekte aneinander. Das Design bezaubert und die warmen Farben machen jedes Stück zu einer Augenweide. Bereits 1998 gründete Karen Feldman, eine Amerikanerin in Prag, ihre Firma Artěl Glass, damals noch in ihrer eigenen Wohnung und ohne Telefon, um die Jahrhunderte alte Glasbläsertradition mit modernem Design zu verbinden. Heute verkauft sie neben ihren eigenen Entwürfen gesammelte Kuriositäten hauptsächlich aus der Tschechei, aber auch aus der ganzen Welt. So findet man hier altes, noch original verpacktes Playmobil oder böhmische Kostüme aus den 30er Jahren. Aber auch jeder individuelle Wunsch findet Gehör und nach Bedarf werden Sonderanfertigungen ihrer Glaswaren hergestellt.

Karen Feldman ist es gelungen einen einzigartigen Platz zu kreieren, der sowohl funktionales als auch ausgefallenes Design präsentiert. Und weil sie so ein Faible für die schönen Dinge im Leben hat, schrieb sie ihren ganz persönlichen Prag-Führer „Artěl Style“, der ebenfalls im Shop verkauft wird.

Artěl Store Adresse: Celetná 29, Prag 1 Tel: 00420 224815085
Internet: www.artelshop.com Öffnungszeiten: täglich von 10.00 – 20.00 Uhr
Seit Anfang Dezember 2008 gibt es noch einen weiteren Laden
im Mandarin Oriental Hotel.

## ☞ Qubus

Seit 2002 verkaufen die beiden Prager Nachwuchsdesigner Maxim Velčovský und Jakub Berdych hier ihre wunderbar eigenwillige Interpretation von tschechischer Glas- und Porzellankunst. Als sie ihre Entwürfe zum ersten Mal den traditionellen Manufakturen präsentierten, wollten diese sie gar nicht realisieren. Inzwischen aber freuen Sie sich auf die neuen jungen Ideen der beiden Macher. Zu Recht! Denn ihre Kreationen stellen eine so innovative wie auch augenzwinkernde Mischung aus Moderne und Tradition dar. Highlights der Kollektion sind der Porzellangummistiefel und der Leninkopf, beide mit dem klassischen Zwiebelmuster verziert. Seit kurzem gibt es die Qubus-Produkte auch im Dox.

Rámová 3, Prag 1, Tel: 00420 2223131512
Internet: www.qubus.cz, Öffnungszeiten: Montag – Freitag 10.00 – 18.00 Uhr

linie
KINO LUCERNA
PŘÍŠTÍ PROGRAM
KINO LUCERNA
DNEŠNÍ PROGRAM
2 DNY V PAŘÍŽI
KINO LU
KINO LU

TAXI
18
8241

SMART
TRAVELLING

## GUT ZU WISSEN

Prag ist groß, darum ist dieser Infoteil so klein. Hier erfahren Sie nicht alles und jedes, sondern genau das, was Sie für ein perfektes Wochenende brauchen. Wenige, aber genau die richtigen Informationen: Wissenswertes über die Prager Lebensart, eine kleine subjektive Auswahl an Sehenswürdigkeiten, Spaziergängen und Tipps für Unternehmungen am Sonntag. Dazu einen Stadtplan mit all unseren Lieblingsadressen, damit Sie nicht lange suchen müssen, sondern gleich anfangen können Prag zu genießen.

## PRAGER ARCHITEKTUR

Prag hat so viel Geschichte aufgetürmt, dass man das Gefühl bekommen könnte, es handele sich um mehrere, ineinander verschlungene Städte.
Hier eine kleine Auswahl an großen architektonischen Highlights verschiedener Kunstepochen:

### Gotik

Die St. Veitskathedrale auf dem Burggelände wurde von den Baumeistern Matthias von Arras und Peter Parler (1330–1399) erbaut. Ein Höhepunkt gotischer Architektur in Prag.

Hradčany, Prag 1

Renaissance

Mitte des 16. Jahrhunderts wurde der Schwarzenberg Palast am Hradschiner Platz erbaut. Er ist mit seiner für diese Zeit typischen Sgraffito-Verzierung ein architektonisches Meisterwerk der Renaissance.

Hradčanské náměstí 2, Prag 1

Barock

Wie keine andere Kunstepoche hat der Barock das Gesicht Prags geprägt. Mit der St. Niklaskirche auf dem Kleinseitner Ring besitzt Prag eine der herausragenden Barockkirchen Europas. Der Bau begann im Jahre 1703 und wurde 1761 beendet. Die Kirche ist das weltweit anerkannte Meisterstück der Baumeister Vater und Sohn Dientzenhofer, die Prags bedeutendste Vertreter des Hochbarock waren. Auf der Orgel aus dem 18. Jahrhundert spielte schon Wolfgang Amadeus Mozart. Bis heute ist ein Orgelkonzert hier ein ganz besonderes Erlebnis.

Malostranské náměstí, Prag 1

Das Lobkowitz Palais ist einer der schönsten Barockpaläste Prags und heutiger Sitz der deutschen Botschaft. Auch wegen seiner historischen Wichtigkeit 1989, als tausende DDR-Bürger hierher flüchteten, sehr beeindruckend.

Vlašská 19, Malá Strana, Prag 1

Jugendstil

Der Jugendstil in Prag symbolisierte die Suche nach einer neuen Identität des tschechischen Volkes. Das Gemeindehaus, Obecní dům, 1912 erbaut, gilt als eines der herausragenden unter den vielen Jugendstilgebäuden in der Stadt. 1918 wurde hier die Unabhängigkeit der Republik ausgerufen.

Náměstí Republiky 5, Prag 1
Tel: 00420 222002101
www.obecni-dum.cz

Kubismus

Der Kubismus konnte sich in den meisten Ländern nur in der Malerei und teilweise in der Bildhauerei durchsetzen. Außer eben in Prag, wo er auf einzigartige Weise auch in die Architektur Einzug fand.

Das Haus der Schwarzen Madonna hat sogar einen kubistisch, nämlich kristallförmigen Grundriss. Heute beherbergt es das Kubistische Museum und das „Grand Café Orient" im ersten Stock.

Celetná 34, Prag 1

Unterhalb der Burg Vyšehrad steht ein weiteres kubistisches Haus, die Kovařovic Villa, erbaut von Chocol und ebenfalls ein Muss für alle Fans des Kubismus.

Libušina ulice 3/49, Prag Vyšehrad

Moderne

Franz Müller, ein erfolgreicher Unternehmer, beauftragte 1928 den berühmten Architekten Adolf Loos, dieses Vorzeigestück moderner Architektur zu errichten. Die Villa Müller ist von außen ein schlichter Kubus und überrascht im Inneren. Adolf Loos selbst sagt über sein Werk: Es ist mein schönstes Haus.

Nad hradním vodojemem 14/642
Prag 6
Tel: 00420 224 312012
www.mullerovavila.cz
Dienstag, Donnerstag, Samstag,
Sonntag geführte Touren:
9.00, 11.00, 14.00 + 16.00 Uhr,
Reservierung empfohlen

Der Fernsehturm wurde trotz erheblicher Proteste der Bewohner zwischen 1985 und 1992 errichtet. Sie befürchteten damals, dass der Turm ein Schandfleck für Prag werden könnte. Heute ist er unumstritten das neue Wahrzeichen der Stadt. An klaren Tagen kann man bis zu 100 km weit ins Land sehen. Die erst später dazugekommenen krabbelnden Kinder von David Černý machen den Turm zu einer skurrilen Sehenswürdigkeit. Nachts ist er in den Landesfarben Tschechiens beleuchtet.

Mahlerovy sady 1, Prag 3
Tel: 00420 242418778
www.tower.cz
Täglich 10.00 – 23.30 Uhr

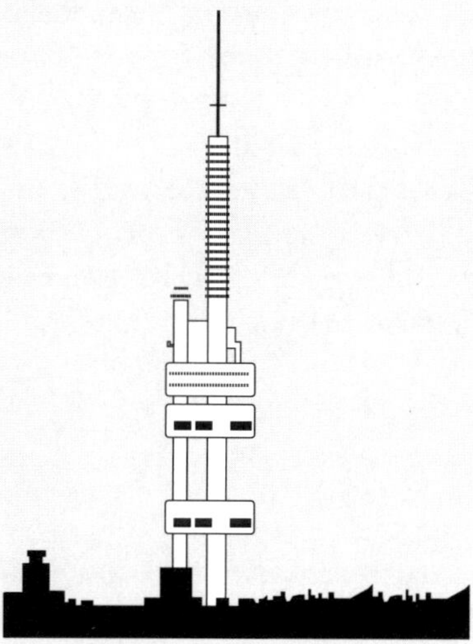

DOX

Im Prager Stadtteil Holešovice wurde in einer ehemaligen Metallfabrik im Oktober 2008 das neue Zentrum für zeitgenössische Kunst, das DOX, eröffnet. Es ist momentan eines der angesagtesten Museen für moderne Kunst in Prag. Integriert in die Ausstellungsfläche ist ein Café, ein Buchladen, ein Vortragssaal, ein Archiv und ein Design Shop. Nach all der architektonischen Pracht im Stadtzentrum ist Holešovice und das DOX eine angenehm puristische Abwechslung und absolut sehenswert.

Anfahrt: Bei der Metro Station Malostranská in die Tram 12 steigen und bis zur Tramstation Ortenovo náměstí fahren. Von dort sind es noch einige Minuten zu Fuß.

Osadní 34, Prag 7
Tel: 00420 224930927
www.doxprague.org
Samstag, Sonntag + Montag
10.00 – 18.00 Uhr,
Mittwoch – Freitag 11.00 – 19.00 Uhr

Kampa Museum

Ein bemerkenswerter Ort! Wunderschön restauriert und direkt am Vltava Fluss an der Sova Mühle gelegen, beherbergt der historische Gebäudekomplex eine der ungewöhnlichsten Kunstsammlungen Prags. Während der kommunistischen Ära haben Jan und Meda Mládek als Sammler und Betreuer im Untergrund über Jahre Künstler begleitet und unterstützt. Die Foundation ist ihr Lebenswerk und bietet einen guten Überblick über die zentraleuropäische Moderne.

U Sovových mlýnů 503/2, Prag 1
Tel: 00420 257286147
www.museumkampa.com
Täglich 10.00 – 18.00 Uhr

Mucha Museum

Das Mucha Museum befindet sich im wunderschönen Barockbau des Kaunitz-Palais im historischen Kern Prags und ist dem Jugendstilkünstler Alfons Mucha (1860–1939) gewidmet.

Wie der Slowake Andy Warhol war der Tscheche Mucha einer der wenigen Künstler des Landes, der sich einen Namen im Ausland, in diesem Fall im Paris des 19. Jahrhunderts machen konnte. Am berühmtesten sind seine Plakatschöpfungen für die französische Schauspielerin Sarah Bernhardt. Die Auswahl des Museums mit nahezu 100 Werken bietet neben Ölgemälden, Zeichnungen und Pastellen auch Skulpturen, Fotografien und persönliche Gegenstände von Mucha. Das Augenmerk gilt dabei vornehmlich der Pariser Ära (1887–1904).

Kaunický palác, Panská 7, Prag 1
Tel: 00420 224216415
www.mucha.cz
Täglich 10.00 – 18.00 Uhr

## GALERIEN

Futura

Hier wurden einst Autoersatzteile und später Prothesen hergestellt. Heute befindet sich in den über drei Etagen verteilten Räumen, von denen einige labyrinthartig in den Keller wuchern, eine der größten unabhängigen Galerien Tschechiens. Auf 1000 qm werden in wechselnden Ausstellungen moderne Kunst, Fotografien und Video-Installationen tschechischer und internationaler Artisten präsentiert.

Holečkova 49, Prag 5
Tel: 00420 251511804
www.futuraproject.cz
Mittwoch – Sonntag 11.00 – 18.00 Uhr, Montag und Dienstag geschlossen

Karlín Studios

Karlín Studios ist die Partner-Galerie von Futura, ein Zusammenschluss von 16 Künstler-Studios im ehemaligen Industrieviertel Prag 8. Hier kann man u.a. die aktuellen Arbeiten von Josef Bolf, Ondřej Brody, Patricie Fexová, Pavla Gajdošíková, Pavel Humhal, Eva Koťátková und Tomáš Lahoda bewundern. Außerdem befindet sich in dem Gebäude mit der Entrance Gallery eine zweite Anlaufstelle für moderne Kunst mit progressiven Arbeiten junger Künstler.

Křižíkova 34, Prag 8 – Karlín
Tel: 00420 251511804
www.karlinstudios.cz
Dienstag – Sonntag 12.00 – 18.00 Uhr, Montag geschlossen

meet factory

Seit 2007 gibt es diese Prager Kunst-„Fabrik", Anlaufstelle für zeitgenössische Kunst im Bahnhofsviertel Smíchov, geleitet von dem tschechischen Künstler David Černý. Das Gebäude liegt gleich an den Bahnschienen und ist mit seiner graugrünen Fassade, nicht zu verfehlen. Innen finden wechselnde Ausstellungen, Konzerte, Lesungen und Theateraufführungen statt.

Ke Sklárně 3213/15 , Prag 5
Tel: 00420 251551796
www.meetfactory.cz

## MIT DER TRAM 22 EINMAL DURCH PRAG

Nehmen Sie sich eine Stunde Zeit und fahren Sie mit der Linie 22 vom westlichen bis zum östlichen Ende der Stadt, vorbei an Plattenbautensiedlungen und Nobelvierteln, Vorstadt-Idyllen bis zur malerischen Altstadt. Einmal quer durch die tschechische Geschichte. Egal wo Sie einsteigen und wieder aussteigen, die Umgebung und ihre Menschen wird immer eine andere sein und Sie aufs Neue überraschen.

## AUSBLICKE

Petřín Park

Der Petřín Park ist einer der weitläufigsten Parks in der Stadt, ganz in der Nähe des historischen Stadtkerns auf der Kleinseite. Es gibt mehrere Wege nach oben, der energiesparendste ist mit der Drahtseilbahn, die in der Straße Újezd, in der Nähe des Café Savoy, startet. Im Park gibt es einen „kleinen Eiffelturm", der nur zwei Jahre nach seinem Pariser Vorbild errichtet wurde, und ein Spiegelkabinett, das nicht nur für Kinder eine lustige Abwechslung bietet.

### Letná Park

Der Letná Park liegt auf einem Plateau hoch über der Stadt. Früher wurde hier demonstriert, heute kann man ganz wunderbar picknicken und den Blick auf Prag und die Moldau genießen. Von unten kann man den Park an dem riesigen Metronom des Künstlers David Černý erkennen, das die Zeit der Unabhängigkeit symbolisiert und auf dem Sockel des ehemaligen 14 000 t schweren Stalin-Denkmals errichtet wurde. Im Sommer sollte man unbedingt den herrlichen Biergarten vor dem Letná-Schlösschen besuchen, wo man sich bei einem kühlen Pils erfrischen kann.

## WAS WO EINKAUFEN

Wer nach Marken und Designern sucht und das auf internationalem Niveau, der sollte in die schicke Pařížská, die Pariser Straße mitten im jüdischen Viertel, gehen. Hier sind von Louis Vuitton bis Swarovski so ziemlich alle großen Namen vertreten.
Die kleineren Läden und Boutiquen tschechischer Modelabels und Designer konzentrieren sich vor allem in den Straßen Dušní und Dlouhá in Josefov und in der Prager Altstadt.

### Klára Nademlýnská

Klára Nademlýnská ist wohl die international bekannteste Modedesignerin in Prag. In ihrem kleinen, persönlich gehaltenen Laden präsentiert sie edle Kollektionen, die sich durch klare Schnitte und nette Basics auszeichnen. Dazu runden passende, schöne Accessoires diese elegante Linie ab.

Dlouhá 3, Prag 1
Tel: 00420 224818769
www.klaranademlynska.cz
Montag – Freitag 10.00 – 19.00 Uhr, Samstag 10.00 – 18.00 Uhr

### Galerie Royale

Hier werden Fashion Victims sicher fündig. In dem großzügigen Store inszeniert Roman Šenkeřík auf zwei

Etagen die neuesten Kollektionsteile und Accessoires von angesagten belgischen Modedesignern wie Martin Margiela, Raf Simons, Kris van Assche und Ann Demeulemeester.

Truhlářská 1107/7, Prag 5
Tel: 00420 222315723
www.royalefashion.cz
Montag – Freitag 11.00 – 20.00 Uhr,
Samstag 11.00 – 19.00 Uhr

Qubus
Es ist der innovativste und wichtigste Designladen der Stadt, in dem die beiden tschechischen Designer Maxim Velčovský und Jakub Berdych Objekthaftes und Nützliches, vorwiegend aus Porzellan und Glas zeigen (siehe S. 83).

Futurista
Bei Futurista findet man eine ausgewählte Sammlung von charmanten und nützlichen Designobjekten für den Alltag, ergänzt durch Schmuck, Accessoires und T-Shirts von vorwiegend jungen tschechischen Designern. Alles wirkt frisch, originell und noch nicht so oft gesehen.

Soukenická 8, Prag 1
Tel: 00420 222311453
www.futurista.cz
Öffnungszeiten: Montag – Samstag
10.00 – 18.00 Uhr, Sonntag geschlossen

Kubista
Kubista, im Erdgeschoss des Hauses zur Schwarzen Madonna, lässt die Herzen von Liebhabern kubistischen Designs höher schlagen. Ausgesuchte tschechische Objekte und Möbel aus dem frühen 19. Jahrhundert können hier bewundert und gekauft werden. Wer danach noch nicht genug kubistisches Design gesehen hat, kann entweder sein Wissen im Kubismus-Museum im 1. Stock auffrischen oder bei einer Kaffeepause im Grand Café Orient das beeindruckende kubistische Interieur genießen.

Ovocný trh 19, Prag 1
Tel: 00420 224236378
www.kubista.cz
Dienstag – Sonntag 10.00 – 18.00 Uhr,
Montag geschlossen

Grand Café Orient
Tel: 00420 224224240
www.grandcafeorient.cz
Täglich 9.00 – 22.00 Uhr

## ART & ANTIQUES

### prague art & ANTIQUES

Wer sich für tschechische Kunst und Antiquitäten begeistert, wird diesen Showroom in grandioser Lage und mit wunderbarem Blick auf Prag lieben. Die sympathischen Betreiber Prokop Svoboda and Mikuláš Křen stellen hier nicht nur ausgesuchte Bilder tschechischer Künstler und besondere Antiquitäten aus, sondern veranstalten auch regelmäßig Salons, zu denen die Größen der Prager Kunst- und Musik-Szene zusammenkommen. Über aktuelle Veranstaltungen informieren Sie sich am besten über die Website.

Národní 21, Prag 1
Tel: 00420 724485972
www.art-antiques.cz

## DELI SHOPPING

### BAKESHOP

Bakeshop

Haben Sie Lust auf einen Snack, dann sollten Sie unbedingt in den Bakeshop gehen, der nur wenige Straßen vom Rathausplatz entfernt liegt. Hier gibt es alles, was das Snackerherz begehrt. Bagels, belegte Baguettes, Salate, Suppen, Kuchen oder Brownies, und alles in sehr guter Qualität. Lecker!

Kozí 1, Prag 1
Tel: 00420 222316823
www.bakeshop.cz
Täglich 7.00– 19.00 Uhr

Cremeria Milano

Prags beste Eisdiele ist eigentlich ein Italiener. Mitten auf der Pařížská herrscht hier an heißen Tagen Hochbetrieb. Die Qual der Wahl wird nicht unnötig durch ein Zuviel an Sorten oder experimentelle Querschläger erschwert, uns hat besonders Schokolade überzeugt. Statt in Kugelform wird das Eis von den freundlichen Damen mit Spitzenhäubchen eher in einem breiten Strich gespachtelt, überaus reichlich, und auch probieren ist möglich.

Pařížská 20, Prag 1
Tel: 00420 224811010
www.cremeriamilano.com
Täglich 8.00 – 23.00 Uhr

Au Gourmand

Das Au Gourmand ist ein wunderschön gekachelter, kleiner Feinkostladen, der so ziemlich alles bietet, was es an französischen Snacks gibt: Quiches, überbackene Brioches, belegte Baguettes oder feinste französische Tartes. Viele der angebotenen Köstlichkeiten können an den wenigen kleinen Tischen bei einem Kaffee probiert werden. Ein wirklich charmanter Ort.

Dlouhá 10, Prag 1
Tel: 00420 222329060
www.augourmand.cz
Montag – Freitag 8.00 – 19.00 Uhr,
Samstag 8.30 – 19 Uhr,
Sonntag 9.00 – 19.00 Uhr

Passion Chocolat

Das französische Patisserie-Paar Nadine et Jean-François Musso bringt mit Passion Chocolat ein Stück Paris nach Prag. Hier kann jeder nach Herzenslust seiner Leidenschaft für Schokolade nachgehen. Die Theke der modern eingerichteten Patisserie ist gefüllt mit feinsten Pralinen und französischen Tartes, so dass man sich gar nicht entscheiden kann, was man als Erstes bestellt. Am besten man versüßt sich schon den Morgen mit einem petit déjeuner und einer heißen Valrhona-Schokolade.

Italská 212/5, Prag 2
Tel: 00420 222524333
www.musso-praha.com
Montag – Samstag 8.00 – 20.00 Uhr
Sonntag geschlossen

## RÜCKZUGSORTE

Prag ist eine kleine Stadt mit vielen Touristen. Immer wieder wird einen das Gefühl nach ein bisschen Ruhe überkommen. Hier einige Tipps:

Františkánská zahrada

Sollten Sie am Wenzelsplatz sein und eine kleine Verschnaufpause benötigen, ist der kleine, aber feine Franziskaner Garten der geeignete Ort dafür. Ein Teil davon entstand auf dem früheren Friedhof des Franziskanerordens. Das kleine Häuschen in der Mitte war ursprünglich mal eine Leichenhalle, inzwischen ist es jedoch zum Gartenhaus avanciert.

Eingang ist auf dem Jungmannovo náměstí
Täglich 7.00 – 19.00 Uhr,
von April – September bis 22.00 Uhr

Café John & George

Kurz vor der John Lennon Mauer auf der Kleinseite steht das alte Malteser Kloster. Hier gibt es das Café John & George mit wundervollem Garten im Innenhof, den man nicht so einfach findet. Hat man ihn gefunden, wird man ihn auch nicht so schnell verlassen.

Velkopřevorské náměstí 4 , Prag 1
Tel: 0042 257217736
Täglich 11.00 – 22.00 Uhr

Palastgärten unter der Prager Burg

Hier kann man sich genau vorstellen, wie zu Zeiten des Barock die Damen in Reifröcken und Sonnenschirmen mit jungen Männern in Anzügen flirteten. Überall gibt es geheime, romantische Winkel, in denen man sich wunderbar verstecken kann. Man kann die Gärten sowohl von oben, durch den Wallgarten der Burg, als auch von unten vom Platz Valdštejnská 12–14 besuchen.

Täglich 9.00 – 21.00 Uhr
(April bis Oktober)

Jelení Příkop

Hinter der Burg liegt der Hirschgraben Jelení Příkop. Ein romantisches kleines Gelände, das man über Stege begehen kann. Der Burggraben ist relativ neu und bis jetzt noch ein kleiner Geheimtipp.

## AKTIVITÄTEN UND AUSFLÜGE RUND UM PRAG

Vinohrady erkunden

Vinohrady ist ein ganz bezauberndes Viertel abseits der Haupttouristenströme. Beginnen Sie Ihren Spaziergang auf der Mánesova Straße Richtung Osten und genießen Sie die wunderbaren Häuser und uralten Bäume, die die Straße säumen. Bei der Hausnummer 20 gibt es das Café Kaaba. Hier kann man in 60er-Jahre-Ambiente einen leckeren Tee oder Kaffee zu sich nehmen. Am Ende der Mánesova stoßen Sie auf die ungewöhnlichste Kirche Prags: die Kirche des Heiligen Herzens unseres Herrn – Kostel nejsvětějšího srdce Páně. Diese monumentale Kirche ist eine einzigartige Arbeit des slowenischen Architekten Josip Plečnik und wurde zwischen 1928 und 1932 gebaut. Wenn sie geöffnet ist, sollten Sie unbedingt hineingehen. Danach bewegen Sie sich weiter Richtung TV-Tower, dem Wahrzeichen der Stadt, der nur einige Minuten entfernt liegt. Nirgendwo hat man einen so fantastischen Rundblick auf die Stadt wie auf der Aussichtsplattform. Sollten Sie am Abend noch hier sein, könnten Sie bei „Aromi", dem besten Italiener der Stadt, einen Teller Pasta bestellen oder in der Bar „Bar and Books" bei einem gepflegten Drink den Abend ausklingen lassen.

kaaba

Kaaba
Mánesova 20, Prag 2
Tel: 00420 222254021
www.kaaba.cz
Montag – Freitag 8.00 – 24.00 Uhr,
Samstag 9.00 – 24.00,
Sonntag 10.00 – 24.00 Uhr

Aromi
Mánesova 78/442, Prag 2
Tel: 00420 222713222
www.aromi.cz
Montag – Samstag 12.00 – 23.00 Uhr,
Sonntag 12.00 – 22.00 Uhr

Bar & Books
Mánesova 64, Prag 2
Tel: 00420 222724581
www.barandbooks.cz

Das Messegelände Výstaviště und der Stromovka Park

Der Industriepalast auf dem Prager Ausstellungsgelände in Holešovice wurde im Jahr 1891 anlässlich der ersten allgemeinen Jubiläums-Landesausstellung eröffnet, die die industrielle Entwicklung des Landes dokumentierte. Er gehört zu den frühesten Jugendstilbauten der Stadt und ist bis heute voll funktionsfähig. Auf dem riesigen Gelände gibt es für Kinder eine kleine Kirmes.

Neben dem Gelände liegt der Stromovka Park mit seinen vielen kleinen Seen. Hier ist man fast unter Pragern und kann wunderschön spazieren gehen. Hat man dann wieder genug von der Natur, steigt man am Anfang des Parks, in der Nähe des Planetariums, in die Tram Nr. 5 ein und lässt sich entweder direkt nach Josefov bringen oder aber man legt noch einen Stopp am Veletržní palác, der heutigen Nationalgalerie, ein. In dem riesigen Museum befindet sich über sieben Stockwerke eine ständige Ausstellung von Kunstwerken des 19., 20. und 21. Jahrhunderts.

### Rauf auf den Vyšehrad

Fahren Sie gemütlich mit der Tram Richtung Süden die Moldau entlang zur zweiten Burganlage Prags, dem Vyšehrad. Gegründet wurde sie bereits im 10. Jahrhundert und im Laufe der folgenden Jahrhunderte immer weiter ausgebaut. Der Sage nach verkündete hier die Fürstin und Seherin Libuše sowohl die Gründung als auch den künftigen Ruhm der Stadt. Kein Wunder, dass die Prager hier am Wochenende besonders gerne herkommen, während die Touristen sich vornehmlich auf dem Hradschin rumtreiben. Auf dem wunderschön angelegten Friedhof liegen einige große Prager Persönlichkeiten wie der Maler Alfons Mucha, der Dichter Jan Neruda sowie die Komponisten Dvořák und Smetana begraben. Auf dem Rückweg laufen Sie den Weg hinunter zur Moldau bis zur Tramstation und treffen auf die Kovařovic Villa, eines der architektonischen Highlights des Kubismus in Prag.

Friedhof Vyšehrad
V Pevnosti 159/5b, Prag 2
April–Oktober: täglich 9.30 – 18.00 Uhr,
November–März bis 17.00 Uhr

### Raus zu den Sandsteinfelsen

Möchten Sie raus aus der Stadt, nicht zu weit fahren und dennoch in der Natur sein, dann fahren Sie am besten ins Šárka zu den riesigen Sandsteinfelsen, ganz in der Nähe des Flughafens. Es ist am Wochenende auch das Ausflugsgebiet der Prager und bietet einiges an Unternehmungen. Die Städter toben sich hier so richtig aus und klettern, lassen Drachen steigen, schwimmen in einem der Seen oder sammeln im Wald Pilze – und genau eine dieser Aktivitäten würden wir Ihnen empfehlen, um auch außerhalb des Stadtkerns ein Stück Prager Leben kennen zu lernen.

## DO SOMETHING YOU HAVE NEVER DONE BEFORE

Träumen im Raumschiff

Reisen Sie am Sonntag nicht wie geplant zurück nach Hause, sondern setzen Sie sich in den Zug und fahren nach Liberec, eine der größten Städte Nordböhmens. Die Fahrt dauert ungefähr 90 Minuten. Liberec hat einen Hausberg mit Namen Ještěd, und auf diesem steht ein Hotel, das so großartig und spacig ist, dass der Architekt Karel Hubáček Anfang der 70er Jahre des letzten Jahrhunderts sogar den Perret-Preis der Internationalen Architekten-Union dafür erhalten hat. Die Mischung aus Hotel und Fernsehturm ist perfekt geglückt und wirkt so, als stehe ein Raumschiff auf der Spitze des Berges. Verlässt man das Raumschiff, kann man zu jeder Jahreszeit die Natur genießen, ob in Wanderschuhen, auf Skiern oder auf dem Rücken eines Pferdes. Ein außergewöhnliches Hotel an einem außergewöhnlichen Ort, das das ganze Jahr geöffnet hat.

Hotel Ještěd
Horní Hanychov 153, Liberec 8
Tel: 00420 485104291
recepce@jested.cz
www.jested.cz

## LUCERNA PASSAGE

Die Lucerna Passage liegt direkt am Wenzelsplatz und ist eine der berühmtesten Einkaufspassagen Prags. Sie wurde zwischen 1907 und 1921 von Václav Havel, dem Großvater des langjährigen Präsidenten, erbaut. Damals war es vornehmlich ein Kulturtempel mit Kabarett, Lichtspielhaus und mit den ersten Tonfilmvorführungen Prags. Bis heute ist das Kino das schönste in Prag und von dem stilvollen Café im ersten Stock aus kann man die Parodie des Heiligen Wenzels vom tschechischen Künstler David Černý in aller Ruhe auf sich wirken lassen. Absolut sehenswert!

Václavské náměstí Štěpánská, Prag 2

## MUSIK IN PRAG

Prag ist die Stadt der Musik. Das wusste schon Mozart, der hier seinen Don Giovanni vollendete und im Oktober 1787 unter tosendem Beifall zur Uraufführung brachte. Damals schon war die Musik allen Bevölkerungsschichten zugänglich, so dass vom einfachen Arbeiter bis zum Regierungsbeamten jeder in die Oper ging. Bis heute gibt es ein so wahnsinnig großes Angebot an Musik, dass man sich am besten vor Ort die Prager Zeitung oder die Prague Post kauft, um sich das passende Konzert auszusuchen. Oder aber man geht abends spontan los und besucht einen der unzähligen Jazzclubs. Eine ganz besondere Atmosphäre erwartet einen im Reduta Jazz Club, dem ältesten Club der Stadt, der bereits 1958 eröffnet wurde, oder auch im AghaRTA. Dieser renommierte Jazzclub organisiert auch das jährliche Jazz Festival in Prag, bei dem inzwischen Künstler aus der ganzen Welt spielen.

## BUCHTIPP

Tanzstunden für Erwachsene und Fortgeschrittene, Bohumil Hrabal

Es ist, nicht wie man vermuten würde, eine Anleitung zum Tanzen, sondern ein Monolog eines alten Mannes, der über 90 Seiten, listenreich und romantisch in einem einzigen Satz, einem jungen Fräulein sein Leben verspricht. Beeindruckend! Der Schriftsteller Bohumil Hrabal, geboren 1914, verstarb am 3. Februar 1997 in einem Prager Krankenhaus. Es ist bis heute nicht klar, ob der Fenstersturz sein literarisch angekündigter und symbolisch gewählter Freitod war oder ob er einfach beim Taubenfüttern aus dem Fenster stürzte. Hrabal beherzigte immer gerne die Devise seines Onkels, das Leben, auch wenn es zeitweilig ein Alptraum ist, doch immer „zum Verrücktwerden schön" zu finden. Das gab er wohl seinem alten Mann in „Tanzstunden für Erwachsene und Fortgeschrittene" mit.

## FILMTIPP

### Kolya

Der Film gewann 1997 den fremdsprachigen Oscar und das zu Recht. Von der ersten Sekunde an schließt man die Hauptfigur, einen musizierenden, in die Jahre gekommenen Gigolo in sein Herz und möchte an seinem Leben teilhaben. Als dann noch ein kleiner russischer Junge auftaucht, der das Leben des überzeugten Junggesellen total durcheinanderwirbelt, gibt es kein Entkommen mehr und man muss sich nicht nur einmal eine Träne aus dem Auge wischen. Der Hauptdarsteller, Zdeněk Svěrák, schrieb auch das Drehbuch, und sein Sohn, Jan Svěrák, inszenierte den Film mit viel Herz.

## PRAGER PERSÖNLICHKEITEN

### Franz Kafka

Er ist wohl der berühmteste Sohn Prags. Geboren 1883, verbrachte er fast sein gesamtes Leben hier und kannte die Stadt außergewöhnlich gut, sowohl kunstgeschichtlich als auch geschichtlich. Auf seinen langen Spaziergängen durch verwunschene Winkel und Gassen mag dann wohl das rätselhafte Unheimliche, das man von Kafka kennt, entstanden sein. Er starb schon 1924, mit gerade mal 39 Jahren, und wurde auf dem jüdischen Friedhof in Josefov beigesetzt. Zu seinen wichtigsten Werken gehören „Der Prozess", „Der Landvermesser", "Die Verhandlung" und „Das Urteil", welches er in nur einer Nacht geschrieben hat.

## Václav Havel

Václav Havel, geboren 1936 in Prag, wurde sowohl durch seine literarischen Werke, als auch durch seine politische Unbeugsamkeit gegenüber der Diktatur berühmt und erfreut sich allergrößter Popularität weit über die Grenzen Tschechiens hinaus. Das zentrale Thema seines Schaffens war und ist bis heute die Gefahr totalitärer Machtansprüche für Staat und Individuum. 1989 war er einer der Hauptakteure der „Samtenen Revolution", die dem Land die Demokratie brachte. Im selben Jahr wurde Václav Havel zum tschechoslowakischen Präsidenten gewählt. 1993 übernahm er das Amt des ersten Präsidenten der Tschechischen Republik, das er bis 2003 innehatte. Er wurde schon mehrmals für den Friedensnobelpreis vorgeschlagen.

## Bedřich Smetana

Bedřich Smetana wurde 1824 in Ostböhmen, damals deutschsprachig, als achtes Kind geboren. Als er mit vier Jahren Franz Liszt in einem Konzert spielen hörte, hatte er nur noch einen Wunsch: die Musik. Sein Vater, ein Bierbrauer, und seine Mutter unterstützten ihn dabei, und so ging er früh auf eine Meisterschule. Später gründete er selbst eine Musikschule, war Dirigent in Göteborg und komponierte Symphonien. Im Alter von 50 Jahren zeigten sich bei ihm Gehörtrübungen. Monate später trat dann eine völlige Taubheit ein. Ausgerechnet in dieser Zeit entstand Smetanas bekanntestes Werk „Die Moldau", die er sozusagen in Tönen malte: eine Reise von der Quelle zur Mündung des Flusses. Man belauscht ihren Lauf vorbei an Festen auf dem Lande, an weiten Wiesen und Hainen, an Burgen und Schlössern, dichten Wäldern mit Jägern bis hin zum königlichen Prag. Eine ganz wunderbare Komposition. Smetana starb im Alter von 60 Jahren. Er wurde auf dem Friedhof von Vyšehrad begraben.

## WICHTIGE INFORMATIONEN

Touristeninformation:

Tourist information Prague s.r.o.
Újezd 24 – Hotel Roma
Tel: 00420 257217711
www.aroundprague.com
Öffnungszeiten:
Täglich 9.00 – 20.00 Uhr

City-Websites:

www.czechtourism.com

Telefonieren:

Tschechien: 0042
Prag: 2

Transport Flughafen:

Mit dem Airport Express zum Hauptbahnhof: ca. 30 min./45 Kč

Mit dem Taxi ins Zentrum:

ca. 30 min./500–600 Kč

Taxiruf:

AAA Taxi: Tel: 140 14 oder 222333222
Klären Sie vorher den Preis!

Fahrrad-Verleih:

Praha Bike, Dlouhá 24, Prag 1
Tel: 00420 732388880
info@prahabike.cz
www.prahabike.cz
Täglich 9.00 – 20.00 Uhr

## MEIN PERFEKTES WOCHENENDE

Freitag:

Samstag:

Sonntag:

## NOTIZEN

## NOTIZEN

## NOTIZEN

# NOTIZEN

## NOTIZEN

# NOTIZEN

## NOTIZEN

# NOTIZEN

NOTIZEN

# NOTIZEN

## NOTIZEN

# NOTIZEN

## GUTSCHEIN FÜR EINE PROBEMITGLIEDSCHAFT

Die Buchreihe „Ein perfektes Wochenende in ..." wird herausgegeben vom Online-Cityguide www.smart-travelling.net. Hier finden Sie viele weitere ungewöhnliche Adressen für über 25 europäische Städte. Tipps für Shops, Galerien, Hotels, Snacks und Restaurants. Smart Travelling zeigt nicht alles und jedes, sondern sucht nach dem Authentischen und Besonderen, nach Orten, die das Flair einer Stadt ausmachen und uns immer wieder empfangen wie ein guter Freund.

Werden Sie bei unserem Online-Cityreiseguide www.smart-travelling.net kostenlos Probemitglied für drei Monate. Klicken Sie auf den ersten Schlüsselbutton (Gutschein einlösen) der Homepage und geben Sie im Schritt 2 das folgende Passwort ein:

**PR20091-3x897b**

☞ www.smart-travelling.net